Hannes Bosse

Hexenkraut und Hahnenfuß-

Wildpflanzen, die man
kennen muß

Illustrationen von
Martha-Luise Gubig

Verlag Junge Welt
Berlin

ISBN 3-7302-0211-1
© 1987 Verlag Junge Welt Berlin/DDR
2. Auflage
Druckgenehmigungsnummer: 715/42/87
LSV: 7852
Printed in the German Democratic Republic
Gesamtherstellung: Grafischer Großbetrieb Sachsendruck Plauen
Bestellnummer: 683 520 6
Lektor: Irene Kahlau
Gesamtgestaltung: Christine Petzak
Für Leser von 7 Jahren an
00700

Vorwort

Nicht nur Gartenblumen sind schön. Auf Wiesen und Feldern, im Wald, am Wegesrand, an Bächen und Teichen, selbst im Wasser – überall wachsen Pflanzen, die uns durch ihre Blüten erfreuen. Wer von euch hat noch nie einen bunten Wiesenblumenstrauß gepflückt? Viele der wildwachsenden Pflanzen sehen nicht nur schön aus, sondern haben auch noch lustige Namen. In unserem Buch stellen wir euch einige in Bild und Vers vor. Doch betrachtet sie nicht nur hier, geht hinaus in die freie Natur und sucht sie auf. Entdeckt noch viele andere, erkundet ihre Namen!
Und vielleicht fällt auch euch
ein Vers dazu ein.

Ehrenpreis

Diesen Ehrenpreis
erringst du ohne Trainingsfleiß.
Du brauchst dich nur zu bücken
und – ihn zu pflücken.

*Veronica chamaedrys – Eine der vielen Ehrenpreisarten.
Wächst auf Wiesen, in Laub- und Mischwäldern sowie
an Wegrändern. Blüht von April bis Juni. Wird 15 bis
30 cm groß.*

Schlüsselblume

Gäb' es auf der Wiese doch
hunderttausend Türen.
Könnte in ihr Schlüsselloch
Schlüsselblumen führen.

Aber Türen gibt es nicht
auf den Frühlingswiesen,
mögen auch im Sonnenlicht
Schlüsselblumen sprießen.

Primula veris – Blütendolde ähnelt dem Bart eines Schlüssels. Blüht im März und April auf sonnigen Wiesen, in trockenen Laub- und Mischwäldern. Wird 15 bis 30 cm groß. Steht unter Naturschutz.

Fingerhut

Mit diesem Fingerhut
stopft niemand gut.
Doch kranken Herzen
nimmt er die Schmerzen.

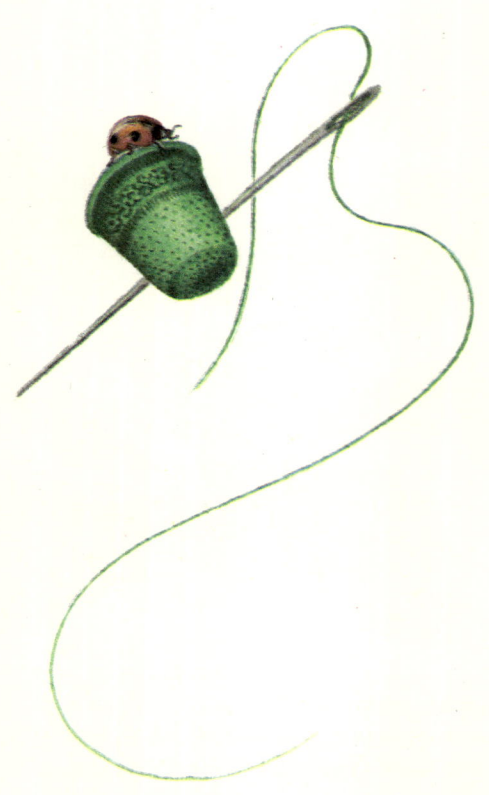

Digitalis purpurea – Wichtige Heilpflanze. Blüht von
Juli bis August auf Kahlschlägen, in lichten Laub-,
Misch- und Nadelwäldern. Wird 30 bis 150 cm groß.
Giftig.

Frauenmantel

Sein Grün hat einen matten Glanz.
Sein Faltenwurf – welch Eleganz.
Sein Morgenschmuck: ein Diamant…
Geschliffen wie von Meisterhand.

Wir aber kaufen Frauenmantel
immer nur als Tee im Handel.

Alchemilla vulgaris – Scheidet in feuchten Nächten Wasser aus. Wächst auf Wiesen. Blüht von Mai bis Oktober. Wird 15 bis 50 cm groß.

Wiesenknopf

Die Wiese braucht meist sehr viel Zeit,
bis sie ihr Sommerblumenkleid
mit Wiesenknöpfen zugeknöpft.
Sie steht im Wind und stöhnt erschöpft:

«Ist's auch ein Knopf mit Rosenblatt,
ich hab die Knöpferei jetzt satt.
Der Wiesenknopf bringt nur Verdruß;
ich brauche einen Reißverschluß.»

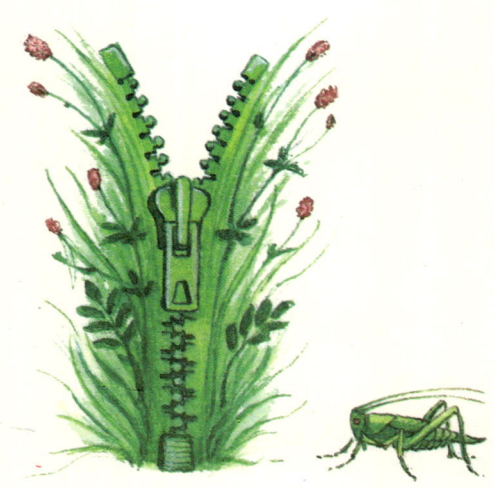

Sanguisorba officinalis – Gehört zu den Rosengewäch-
sen. Blüht auf feuchten Wiesen von Juni bis August.
Wird 60 bis 150 cm groß.

Frauenschuh

Der Frauenschuh ist viel zu fein,
für eine Frau ein Schuh zu sein.
Sie könnt' vielleicht zwei Schritte laufen
und – müßte sich schon neue kaufen.

Cypripedium calceolus – Orchidee, blüht im Mai und Juni in Laub- und Mischwäldern auf kalkreichen Böden. Wird 15 bis 80 cm groß. Steht unter Naturschutz.

Winde

Die Winde windet sich und windet,
bis sie etwas zum Klettern findet.

Wenn sie dazu nichts finden kann,
was macht sie dann, was macht sie dann?

Sie träumt von einer Himmelsleiter
und – windet sich am Boden weiter.

Convolvulus arvensis – Stengelspitze beschreibt bei Suchbewegung in etwa 90 Minuten einen Kreis. Blüht von Juni bis Oktober auf Äckern, in Weinbergen, auf Schuttplätzen. Wird 30 bis 100 cm groß.

Kuckucksblume

Sie hält nicht ganz, was sie verspricht,
denn kuckuck rufen kann sie nicht.

Sie kommt ganz einfach nicht dazu,
weil sie Besuch hat, immerzu.

Die Bienen schlank, die Hummeln rund
verstopfen ihr den Blütenmund.

Drum kann sie niemals kuckuck schrein,
muß immer fein hübsch stille sein.

Für uns ist das ein großes Glück,
denn Blüten hat sie hundert Stück.

Und schrien die alle – weihoweih –
was gäbe das für ein Geschrei.

*Dactylorhiza maculata – Orchidee, wird auch Knaben-
kraut genannt. Blüht im Juni und Juli auf Flachmooren,
auf der Heide und in lichten Trockenwäldern. Wird 20
bis 60 cm groß. Steht unter Naturschutz.*

Froschbiß

Ich kann es nicht beweisen,
daß Frösche dich nicht beißen.
Doch Froschbiß auf dem See,
der tut dir niemals weh.

Du kannst lustig plantschen, baden,
Froschbiß streichelt nur die Waden,
weil er auf dem Wasser schwimmt,
ohne Zähne – ganz bestimmt.

*Hydrocharis morsus-ranae – Frei im Wasser schwim-
mende Pflanze. Liebt sommerwarmes, beschattetes
Wasser in flachen Seen und Teichen. Blüht von Mai bis
August. Wird 15 bis 30 cm groß.*

Königskerze

Vielleicht hat König Drosselbart
aus Geiz am Kerzenwachs gespart,
dafür dies leuchtendgelbe Kraut
als Königskerze angebaut.

Vielleicht war auch, wer weiß das schon,
sie Schmuck nur für den Königsthron;
war dort mit ihrer Blütenpracht
Symbol für eines Königs Macht.

Ich weiß nicht, wie es wirklich war.
Nur eines ist mir völlig klar:
Die Könige sind lange fort,
doch sie blüht hier und da und dort.

Verbascum densiflorum – Blüht von Juli bis September an Waldrändern, auf Kahlschlägen und auf Schutt-plätzen. Wird 80 bis 200 cm groß.

Käsepappel

Ach könnte ich auf Käsepappeln steigen
und Käse pflücken, zart und weich,
und sitzen auf den Käsepappelzweigen
und schwelgen in dem Käsereich.

Doch Käsepappeln sind ja keine Bäume,
sie stehn nur klein am Wegesrand.
Und meine kühnen Käsepappelträume
gehören ins – Schlaraffenland.

Malva neglecta – Heilpflanze, aus der schmerz- und entzündungslindernde Mittel gewonnen wurden. Blüht von Juni bis September an Wegen, Kompostlagerstätten und an Mauern. Wird 30 bis 50 cm groß.

Schafgarbe

Mit ihrem Federblatt
macht sie die Schafe satt.

Uns, gegen manches Weh,
liefert sie Blütentee.

Achillea millefolium – Alte Heilpflanze. Sie wächst auf Wiesen und Weiden, auch an Wegen. Blüht von Juni bis Oktober. Wird 15 bis 50 cm groß.

Wegwarte

Sie wartet und wartet am Vormittag
und lauscht jedem einzelnen Glockenschlag.
Sie wartet an Straßen und Wegen
und wartet bei Sonne und Regen.
Sie wartet auf zwölf Uhr in aller Ruh,
denn mittags – macht sie ihre Blüten zu.

Cichorium intybus – Öffnet ihre Blüten gegen 6.00 Uhr und schließt sie bereits wieder gegen 12.00 Uhr. Blüht im Juli und August an Wegrändern und auf Schutt-plätzen. Wird 30 bis 130 cm groß.

Rotes Waldvögelein

Die kleinen roten Waldvöglein,
die fangen keine Mücken,
sie stehn ganz still im Sonnenschein,
nur ihre Blüten nicken.

Sie fliegen nie auf einen Baum
und fressen dort die Raupen.
Es sei denn, daß sie nachts im Traum
sich einen Start erlauben.

Cephalanthera rubra – Sehr seltene einheimische Orchidee. Wächst in Buchen- und Eichenwäldern, auch in lichten Nadelforsten. Blüht von Mai bis Juli. Wird 20 bis 80 cm groß. Steht unter Naturschutz.

Pfennigkraut

Das Pfennigkraut dient auf der Welt
zum Glück nirgends als Wechselgeld;
drum ist es auch bis heut nicht knapp,
denn keiner sucht's und pflückt es ab.

Lysimachia nummularia – Wird auch Gilbweiderich genannt. Wächst auf Wiesen, an Wegrändern, am Ufer von Teichen und Seen. Liebt feuchte Lehmböden. Blüht im Juni und Juli. Wird 5 bis 30 cm groß.

Hungerblümchen

Alles ist ihm klein geblieben,
kleine Blüte, kleines Blatt.
Hungert meist. Ist schon zufrieden,
daß es Frühlingssonne hat.

Wächst, wo große Blumen selten
wachsen, blüht von März bis Mai.
Wenn sich erste Stare melden,
ist sein Blühen bald vorbei.

Erophila verna – *Hat eine Lebensdauer von wenigen Wochen. Blüht von März bis Mai an trockenen Berghängen, an Mauern, auch an Ackerrändern. Liebt grobkörnige Sandböden. Wird 5 bis 10 cm groß.*

Sonnentau

Noch niemals fraß der Sonnentau
eine Siebzehntonnensau.
Er könnt' sie nicht vertragen,
sie schlüg' ihm auf den Magen.

Drosera rotundifolia – Verdaut Insekten, die von den Fanghaaren der Blätter festgehalten werden. Blüht im Juli und August in Hoch- und Flachmooren. Wird 10 bis 20 cm groß. Steht unter Naturschutz.

Kuhschelle

Wie mag wohl das Läuten
der Kuhschelle klingen,
wenn nachts ihre Blüten
im Frühlingswind schwingen?

Ich hab es bis heute
noch niemals gehört,
drum hat mich ihr Läuten
im Schlaf nie gestört.

Pulsatilla vulgaris – Wächst auf Kalkböden, besonders an Südhängen. Blüht von März bis Mai. Wird 5 bis 40 cm groß. Steht unter Naturschutz. Giftig.

Hahnenfuß

Er nistet sich in Gärten ein,
auf Beeten und auf Wiesen,
er will ein übles Unkraut sein
mit tausend Hahnenfüßen.
Drum schickt er seine Ranken aus
bis in die letzte Ecke,
beschleicht den Rasen vor dem Haus,
sogar die Buchsbaumhecke.
Er setzt sich gelbe Blüten auf,
erfreut sich seines Lebens.
Doch stoppt der Gärtner seinen Lauf,
dann freut er sich vergebens.

Ranunculus acer – Wird frisch von Kühen nicht gefressen. Blüht von Mai bis Juli auf feuchten Wiesen. Wird 30 bis 100 cm groß. Giftig.

Hexenkraut

Wie sonderbar!
Alles im Paar,
so blüht das Kräutlein Jahr für Jahr.

Mach zwei aus eins,
denn eins ist keins,
heißt es im Hexeneinmaleins.

Nimm nur die Zwei!
Niemals die Drei!
Nicht vier, nicht fünf. Die vielerlei.

Das Hexenkraut
hat dem vertraut
und seine Blüte so gebaut.

*Circaea lutetiana – Blüte, Kelchblätter usw. sind paar-
weise aufgebaut. Blüht im Juli und August in Misch-,
Laub- und Nadelwäldern. Wird 20 bis 60 cm groß.*

Storchschnabel

Ich kenne einen Storchenschnabel,
der ist ganz klitzeklitzeklein,
der biß mit seiner Schnabelgabel
noch niemals einen Frosch ins Bein.

Er kann nicht klappern und nicht singen,
er steht ganz still an einem Ort.
Doch seine Schnabelsamen springen
in riesenweitem Bogen fort.

Draus wachsen neue Storchenschnäbel
mit kleinen Blüten, purpurrot.
Aus ihnen reifen Schnabelsäbel.
Sie stechen aber keinen tot.

Geranium sylvaticum – Samen wie bei allen Storch-
schnabelarten mit Schleudermechanismus. Blüht auf
Bergwiesen, in feuchten Laub- und Mischwäldern im
Juni und Juli. Wird 30 bis 60 cm groß.

Katzenpfötchen

Kennst du die Katzenpfötchenblütenballen?
Sie haben keine scharfen Katzenkrallen.
Sie können nie und nimmer Mäuse jagen.
Sie müssen Katzenpfötchensamen tragen.

Den nimmt der Wind auf seine weiten Flügel
und trägt ihn fort, wohl über sieben Hügel.
Doch wo auch Katzenpfötchen hingelangen,
sie lernen niemals Mäuse fangen.

Antennaria dioica – Heißt auch Himmelfahrtsblüm-chen. Wächst an trockenen Berghängen und in lichten Trockenwäldern. Liebt etwas sandigen Boden. Blüht von Mai bis Juni. Wird 8 bis 25 cm groß.

Inhalt